BEI GRIN MACHT SICH IHR
WISSEN BEZAHLT

AF151612

- Wir veröffentlichen Ihre Hausarbeit,
  Bachelor- und Masterarbeit

- Ihr eigenes eBook und Buch -
  weltweit in allen wichtigen Shops

- Verdienen Sie an jedem Verkauf

Jetzt bei www.GRIN.com hochladen
und kostenlos publizieren

Bibliografische Information der Deutschen Nationalbibliothek:

Die Deutsche Bibliothek verzeichnet diese Publikation in der Deutschen National-
bibliografie; detaillierte bibliografische Daten sind im Internet über http://dnb.d-
nb.de/ abrufbar.

Impressum:

Copyright © 2005 GRIN Verlag, Open Publishing GmbH
Druck und Bindung: Books on Demand GmbH, Norderstedt Germany
ISBN: 9783668268562

Dieses Buch bei GRIN:

http://www.grin.com/de/e-book/45141/george-bernard-shaw-als-musikkritiker

Thomas Frank

George Bernard Shaw als Musikkritiker

GRIN Verlag

GRIN - Your knowledge has value

Der GRIN Verlag publiziert seit 1998 wissenschaftliche Arbeiten von Studenten, Hochschullehrern und anderen Akademikern als eBook und gedrucktes Buch. Die Verlagswebsite www.grin.com ist die ideale Plattform zur Veröffentlichung von Hausarbeiten, Abschlussarbeiten, wissenschaftlichen Aufsätzen, Dissertationen und Fachbüchern.

Besuchen Sie uns im Internet:

http://www.grin.com/

http://www.facebook.com/grincom

http://www.twitter.com/grin_com

Johannes-Gutenberg-Universität-Mainz

Fachbereich 16 - Geschichtswissenschaft
Musikwissenschaftliches Institut

Lektürekurs:

"George Bernard Shaw als Musikkritiker"

Seminararbeit im Sommersemester 2005

Inhaltsverzeichnis:

Einleitung

Gegenstand der vorliegenden Seminararbeit sind die Übersetzungen der nachfolgend aufgeführten Texte von George Bernard Shaw[1] (1856-1950). Diese sind dem Werk "Shaw's Music – The complete musical criticism of Bernard Shaw" (Max Reinhardt, The Bodley Head Ltd., London 1981). entnommen. Diese Sammlung von Schriften wurde in drei Bänden veröffentlicht. Die Schriften des ersten Bandes stammen aus den Jahren 1876-1890,

George Bernard Shaw die des zweiten Bandes aus den Jahren 1890-1893 und die des dritten Bandes aus den Jahren 1893-1950.

Es folgt eine Übersicht über die Fundstellen der Texte innerhalb der drei Bände des Werkes von Shaw:

Text I	**Hans Richter**	Band II	Seite 102-107
Text II	**Hermann Levi**	Band III	Seite 346-351
Text III	**Wagner's Birthday**	Band II	Seite 358-361
Text IV	**The Manchester Orchestra**	Band II	Seite 221-223
Text V	**The Manchester Orchestra**	Band II	Seite 231-233
Text VI	**Mischievous Patti**	Band II	Seite 208-213

---

[1] Quelle der Fotografie von Shaw: http://www.lyrikwelt.de/autoren/shaw.htm. 21.06.2005.

Übersetzung und Anmerkungen Text I

Hans Richter - Ein moderner Mann

In: The Scots Observer, 28 June 1890; unsigned. Reprinted in "Twenty Modern Men" from the National Observer (2nd series), London, 1891.

Hans Richter

Dr. Richter[2] kam 1877 zusammen mit Wagner nach London. Nun gut, London hatte zu dieser Zeit viele Dirigenten. Es gab Mr. Cusins[3] beim Philharmonischen Orchester, das sich jedoch am Rande des Untergangs bewegte. Dann gab es noch Sir Michael Costa[4], Autokrat Ihrer Majestät, dessen Orchester metallisch-hart, kalt und korrekt war. Von solch einem Orchester erwartet man nicht unbedingt, dass es alle Werke mit Begeisterung spielt, außer vielleicht einer Partitur von Rossini. An *Covent Garden* gab es Vianesi[5], der als Pariser auf eine köstliche und geschmackvolle Weise ordinär und albern sein konnte - d. h. so war seine Vorstellung von Kunst - , wogegen ein einfaches Brixton-Orchester das Ideal

---

[2] **Richter**, Hans, *1843 in Raab (Ungarn), †1916 in Bayreuth. Richters Vater war Kantor der Kathedrale in Raab, seine Mutter war Sängerin und Gesangslehrerin. Er studierte von 1860 bis 1865 am Wiener Konservatorium. Wagner übertrug ihm 1866/67 die Anfertigung einer Kopie der Meistersinger-Partitur für die Drucklegung des Werkes. 1868/69 war Richter Chordirektor des Hof- und Nationaltheaters in München. Seit 1877 bezog Richter England in seine Konzertreisen ein (Wagner-Festival in der *Albert Hall* in London, 1879-1897 jährlich als *Orchestral Festival Concerts*, später als *Richter Concerts*; Leiter der Musikfeste in Birmingham, 1885-1909). Seit 1897 lebte er in Manchester als Leiter des *Hallé Orchestra* (bis 1911) sowie als Dirigent des *London Symphony Orchestra* (seit 1904). Auch betreute er die deutschen Opernaufführungen von *Covent Garden* in London (1903-1910).
Vergl. auch: MGG Richter, Hans, Bd. 11, S. 460 ff.,1986 und M. Eger, Hans Richter: Der Urdirigent der Bayreuther Festspiele, 1995; S. C. Foster (Hg.). Bildquelle: http://www.aeiou.at/aeiou.encyclop.r/r605536.htm. 18.06.2005.

[3] **Cusins**, William George, 1833-1893. Englischer Pianist, Organist, Komponist und Dirigent. Er wurde in London geboren und studierte in Brüssel bei François Joseph Fétis. Später wurde er Direktor der *Royal Academy of Music* in London. Er dirigierte das *London Philharmonic Orchestra* von 1867-1883. *Vergl. auch: Shaw's Music, Bd. 03, biographical indexes, S. 755.*

[4] **Costa**, Michele Agnus, *1808 in Neapel, †April 1884 in Hove (England). Costa wirkte in Neapel und wurde später nach England berufen. Er war bedeutend als Komponist und als Dirigent. 1829 sollte Costa in Birmingham bei einem Musikfest ein eigenes Werk dirigieren. 1830 wurde er als »maestro al piano« an *The King's Theatre* in London engagiert, um 1832 zum *Director of the Music* aufzusteigen. Von 1846 bis 1854 leitete er die Konzerte der Philharmonischen Gesellschaft. Sein Nachfolger wurde für eine Saison Richard Wagner. Nicht nur die Musikfeste in Birmingham, sondern auch die Händel-Festivals wurden (1857 bis 1880) seiner Leitung anvertraut.
Vergl. auch: MGG: Costa, Giovanni Paolo de, MGG Bd. 02, S. 1701 ff.

[5] **Vianesi**, Auguste Charles Leonard Francois, 1837-1908. Italienischer Dirigent, später (1887) an der Oper in Paris und an der *Metropolitan Opera* in New York. *Vergl. auch: Shaw's Music, Bd. 03, biographical indexes, S. 788.*

der Pariser nach Aufgeblasenheit und Getöse befriedigt. Vianesi, der gut für Paris ist, wäre hier [*in London*] eine künstlerische Fehlbesetzung.

Arditi[6] war ein opernhafter Dirigent, sauber und einfach. Ihm genügte, *Il Bacio* zu komponieren und sich durch das altitalienische Repertoire zu dirigieren. Er überließ es Costa, das Händel-Festival zu dirigieren und *Eli* und andere geistliche Beiträge für eine Oratorienschule zu komponieren, in der Inspiration als Sünde galt. Arthur Sullivan[7] war sehr geschickt und tolerierte kein Bedürfnis nach Verfeinerung. Er nahm alle Tempi sehr schnell, damit Beethoven nicht langweilig und Mozart nicht gehaltlos klingen sollte. Aber er schaffte es niemals, dass ein Orchester schnell genug spielte, obwohl bei ihm schon jedes Allegro derart schnell war, dass Mozart es Prestissimo genannt hätte.

Abgesehen von Mr. Barnby[8] mit seiner hoffnungslos ausdruckslosen Horde von mittelmäßigen Oratorien-Sängern, eine hoffnungslose Sache für die gegenwärtige Musik, bleiben nur zwei Dirigenten mit einigem Anspruch, und sie waren von allen die besten. Einer war der

---

[6] **Arditi**, Luigi, *1822 in Crescentino bei Vercelli (Piemont), †1903 in Hove bei Brighton (England). 1836 trat er in das Mailänder Konservatorium ein und studierte Violine und Komposition. Nach Beendigung des Studiums 1842 begann er gleich seine Konzertkarriere als Geiger und Kapellmeister in Vercelli (1843). Er dirigierte 1854 in New York, Boston und Philadelphia. Nach seiner Rückkehr nach Europa wurde er 1857 Kapellmeister am Theater in Konstantinopel, begab sich darauf nach Mailand und ließ sich nach einer Tournee durch Russland 1858 in London nieder, wo er viele Jahre an *Her Majesty's Theatre* dirigierte. 1874-1877 war er Dirigent der Promenadenkonzerte in *Covent Garden*. Auch seine Kompositionen fanden weltweite Verbreitung. Als Operndirigent genoss er großes Ansehen. *Vergl. auch: MGG: Arditi, Luigi, Bd. 15, S. 266 ff.*

[7] **Sullivan**, Arthur Seymour, *1842 in Lambeth, †22. Nov. 1900 in London. Sullivan studierte am Konservatorium in Leipzig. Später wurde er als Kompositionslehrer an die Akademie berufen und gab bald darauf zwei bislang ausgeübte Organistenämter auf. *Vergl. auch: MGG, Sullivan, Arthur Seymour, Bd. 12, S. 1727 ff.*

[8] **Barnby**, Sir Joseph, *1838 in York, †1896 in London. Er trat als Siebenjähriger in den Chor von *York Minster* ein, und mit zwölf Jahren war er schon Organist und Chorleiter an *St Saviour's* in York. Von 1855 bis 1857 studierte er an der *Royal Academy of Music* in London. In den folgenden Jahren war er Organist an verschiedenen Londoner Kirchen. Sein hohes Ansehen als Chorleiter bewog das Verlagshaus Novello (dessen musikalischer Berater er seit 1861 war) zur Gründung des *Barnby's Choir*, der 1869-1872 Oratorienkonzerte gab. *Barnby's Choir* verband sich danach mit *Gounod's Choir* an der *Royal Albert Hall* zur *Royal Albert Hall Choral Society*. 1878 wurde er Dirigent der *London Musical Society*. 1886-1888 war Barnby Dirigent der Konzerte der *Royal Academy of Music*. 1875-1892 wirkte er als Kantor am *Eton College*; von 1892 bis zu seinem Tode war er Direktor der *Guildhall School of Music*. *Vergl. auch: MGG, Barnby, Sir Joseph, Bd. 15, S. 484 ff., 1986. Quelle des Fotos von Barnby: http://www.geocities.com/Vienna/Strasse/7920/1barn.jpg. 21.06.2005.*

Enthusiast August Manns[9], der durch die Konzerte des *Crystal Palace*[10] ganz in Anspruch genommen wurde. Der andere war Mr. Weist Hill[11], der in Kürze zur *Guildhall School of Music*, die von der Stadt London gegründet wurde, wechseln wird. Keiner von allen konnte die Verantwortlichen der Stadt zu Orchesterkonzerten bewegen, außer Manns und Hill, die sicherlich die Viard-Louis-Konzerte[12] als Dauereinrichtung etabliert hätten, wenn genug Geld vorhanden gewesen wäre, um das anfängliche Warten auf lohnenden Erfolg zu überbrücken.

Zu dieser Zeit nahm in London niemand, außer einigen Lesern von Wagners schwerer, verklebter und hoffnungsloser deutschen Prosa, Anstoß am Ausdruck „Mendelssohnscher Dirigent". Wenn das ein Vorwurf sein sollte, dann wäre das paradox erschienen. Als Wagner 1877 zu uns hier kam und versuchte, die finanziellen Verluste aus seinem Bayreuther Triumph von 1876 wettzumachen, scheuten sich viele Bewunderer sowie seine erklärten Anhänger nicht, ihn falsch darzustellen. Sie sprachen und schrieben, als ob es ganz besonders wagnerianisch sei, Mozart schlecht zu machen und tiefe Bedeutung in Brahms und Schumann zu sehen. Der Meister selbst war, wie zu erwarten, von Brahms gelangweilt, gleichgültig gegenüber Schuberts „tieferem" Sinn. Wie auch wir mochte er *Don Giovanni*, bat Pianisten, ihm die *Hebriden-Ouvertüre* auf dem Klavier vorzuspielen, war erfreut über Masaniello[13], den Unerfahrensten, und er löste sich nur langsam vom kindlichen Vergnügen, mit dem er die angenehmen

---

[9] **Manns,** Sir August, 1825-1907. Er spielte als Klarinettist in verschiedenen Orchestern. Manns wurde zum zweiten Dirigenten *des Crystal Palace* ernannt und 1855 durch George Grove zum Dirigenten desselbigen. Bis zu seinem Tode dirigierte er dort schätzungsweise 12.000 Orchesterkonzerte. *Vergl. auch: Shaw's Music, Bd. 03, biographical indexes, S. 781.*

[10] Der **Crystal Palace** wurde für die Weltausstellung 1851 in London von Sir Joseph Paxton entworfen. Der Bau hatte eine Länge von über 600 Metern und eine Breite von 150 Metern.
Siehe auch: http://www.crystalpalacefoundation.org.uk - http://www.greatbuildings.com/buildings/Crystal_Palace.html. 18.06.2005.

[11] **Hill,** Thomas H. Weist, 1823-1891, englischer Dirigent und Geiger. Er war Dirigent am *Alexandra Palace.* 1874-1876 leitete er die Viard-Louis Orchesterkonzerte. *Vergl. auch: Shaw's Music, Bd. 03, biographical indexes, S. 789.*

[12] **Viard-Louis,** Jenny (1832-1904), französische Pianistin, die eine eigene Konzertreihe veranstaltete. *Siehe auch: http://www.music-with-ease.com/bizet-life.html - http://www.fortunecity.com/victorian/degas/561/link5.html. 18.06.2005.*

[13] **Masaniello,** 1620-1647, war ein neapolitanischer Revolutionist, dessen originaler Name Tommaso Aniello war.

Opern Boieldieus[14] zu dirigieren pflegte, und er hatte eine Leidenschaft für Beethoven, die jene des verstorbenen Edmund Gurney[15] weit übertraf, kurzum: ein Mann von ausgeprägtem, gesunden Menschenverstand, dessen simple Vorlieben offensichtlich in seiner Welt nichts Außergewöhnliches waren.

Da seine Musik vom Orchester außergewöhnliche und ständige Forderungen nach Ausdruck und Sanglichkeit verlangte, war er dauernd im Streit mit unfähigen Dirigenten, die er ohne Furcht vor Konsequenzen beim Namen nannte, wann immer es notwendig war, eine anschauliche Lektion über seine Beschwerden zu erteilen. Und natürlich forcierte man das, da er ebenso Mendelssohn und Meyerbeer mit dem

Edmund Gurney Neid eines erfolglosen Unterlegenen angeprangert hatte. Doch sein Spleen sollte diese nicht treffen. Die Theorie des erfolglosen Unterlegenen ist vielleicht inzwischen *passé*, aber Wagner wird als Kritiker noch immer wenig geschätzt. Denn die Musikkritiken geben, obwohl sie berichten, dass Richter beachtliche Ergebnisse mit schlechtem Material erzielt, keinen verständlichen Bericht über diesen Prozess, scheinen aber anzunehmen, dass der Mann eine natürliche magische Kraft besitzt, die man nicht erklären kann.

Manchmal versuchen sie sie damit zu erklären, dass sein [*Richters*] Charme darin liegt, dass er Horn und Trompete spielt, dass er ein außergewöhnliches Erinnerungsvermögen hat und dass er seinem Orchester so manche Zeichen gibt. In all diesen unwesentlichen Punkten gleicht er nicht nur einigen berühmten Musikern, die hoffnungslos schwache Dirigenten sind, sondern auch Dutzenden von Militärkapellmeistern. Wagner hatte den Vorzug, dass er

---

[14] **Boieldieu**, Adrien *1775, †1834 in Jarcy (Seine et Oise). Sein Vater ließ ihn in die Sängerschule der Kathedrale von Jarcy eintreten. Vom 15. Lebensjahre an war der Knabe, kaum der Sängerschule entwachsen, schon imstande, seinen Lehrer auf der Orgel der Kirche *Saint-André* zu vertreten. 1793 aber ließ er im *Theatre des Arts* seine erste opéra-comique *La Fille Coupable* aufführen, deren Text sein Vater geschrieben hatte. Der Erfolg ermutigte ihn, auf dem Gebiet der Oper weiterzuarbeiten. *Vergl. auch: MGG: Boieldieu, Adrien, Bd. 02, S. 66 ff.*

[15] **Gurney**, Edmund , 1847-1888, war Musikwissenschaftler und Parapsychologe und schrieb 1886 ein Standardwerk der Parapsychologie, „Phantasms of the Living". *Vergl. auch: http://www.utilitarianism.com/gurney/. 23.06.2005.*

wusste, worüber er sprach, als er sagte: „Die ganze Aufgabe des Dirigenten besteht darin, dem Orchester den richtigen Takt anzugeben."

Das klingt simpel, berücksichtigt aber nicht den ursprünglichen und vollständigen Umfang der Absichten des Komponisten sowie vor allem die Melodik, mit der moderne Sinfoniesätze, die schnellen ebenso wie die langsamen, angefüllt sind. Sie kann jeden Menschen zu einem rechten Taktgefühl leiten, da vermutlich jeder weiß, dass Adagio langsam und Allegro schnell bedeutet; sein *coup d'oeil* [*kurzer Blick*] über eine Partitur mag schnell und unfehlbar sein, soweit es die Noten und Einsätze betrifft. Er mag imstande sein, *The Last Rose of Summer*[16] mit Variationen auf den verschiedenen Instrumenten des Orchesters zu spielen; und doch vermag er Beethovens *Coriolan-Ouvertüre* in solch einer Weise zu spielen, dass jeder aufrechte Neuling es so bedeutungslos wie *Zampa*[17] beurteilen würde, aber nicht halb so schön.

Ein Dirigent, der das Zeitmaß vom Metronom abnimmt und es auf die Musik überträgt, ist als Orchesterleiter ein öffentliches Ärgernis. Ein Dirigent, der das Zeitmaß aus der Musik entnimmt und an das Orchester weitergibt, ist, wenn er es richtig macht, ein guter Dirigent. Genau das macht Richter, und er würde es auch machen, wenn er als Hornspieler so unfähig wie Beethoven selbst wäre. Und das ermöglicht ihm ebenfalls zu begreifen, was mit dem gewöhnlichen pseudo-klassischen Orchester falsch läuft. Das Philharmonische Orchester mit all seinen „Verfeinerungen" produziert niemals ausgehaltene Klänge. Der Musiker spielt eine Note und lässt sie sodann gefühllos und ohne sie zu greifen wieder gehen. In ihrem Forte liegt kein Herz, in ihrem Piano keine Sensibilität. Und die Dirigenten meinen, dass der einzige Weg zur Verhinderung einer nicht zu tolerierenden Geschmacklosigkeit der sei, Mendelssohns berühmten Ratschlag zu befolgen, „so schnell wie möglich darüber hinweg zu huschen".

---

[16] Lied von Thomas Moore (1779-1852).
[17] Oper von Louis-Joseph-Ferdinand **Hérold** (1791-1833).

Das funktioniert alles in einem Bachschen Allegro ohne ausgehaltene Noten oder in einem Stück mit klappernder *Margate-Pier-Musik* wie Signor Mancinellis[18] Venezianische Suite sehr gut. Aber man stelle sich diesen Effekt bei Beethoven mit seinen bedeutungsschweren und furchtbaren Pausen auf ausgehaltenen Noten vor und seinem rastlosen Wechsel der Melodien! In allen Beethoven-Sinfonien gibt es nur einen einzigen Satz, den das Philharmonische Orchester spielen kann, und das ist das „Finale" der Vierten, das fast ausschließlich aus Sechzehnteln besteht. Dieses banale und nutzlose Orchester braucht nur einen guten Dirigenten – einen Dirigenten, der bei den Proben mehr tun würde, als nur durch eine Sinfonie zu rasen, mit einem gelegentlichen süßsauren Gesicht und einem überheblichen „Viel zu grob, meine Herren!" oder „Können Sie das nicht ein wenig mehr hervorheben?" oder irgendeinen anderen ebenso nutzlosen Ausdruck von hilfloser Unzufriedenheit – um der beste der Welt zu sein.

Aber für Richter würde heute ebenso wie schon 1869 gelten, als Wagner erklärte: „Der wirkliche Grund für den Erfolg der Musik Beethovens ist der, dass die Leute sie nicht in Konzertsälen studieren, sondern zu Hause an ihrem eigenen Klavier. Und ihre unwiderstehliche Kraft erlebt und lernt man vollständig dort, obschon auf Umwegen. Wenn unsere edelste Musik ausschließlich von unseren Dirigenten abhängig wäre, dann wäre sie schon vor langer Zeit verkommen."

Richter ist der Mann, der fühlte, was Wagner beabsichtigte, ja, wie wir alle fühlten, wie selbst Mr. Cowen[19], Villiers Stanford[20], Dr. Mackenzie[21], Mr. Cusins

---

[18] **Mancinelli**, Luigi, *1848 in Orvieto, †1921 in Rom. Er studierte Cello und 1874 kam er als Cellist an das *Teatro Apollo* nach Rom. Dort tauschte er (wie später Toscanini) das Cello mit dem Dirigentenpult. 1886 begann seine Beziehung zu England. Er dirigierte erfolgreich in London und schrieb erstmals ein Oratorium für das *Norwich Festival*. 1887 wurde er für *Covent Garden* gewonnen. *Vergl. auch: MGG, Mancinelli, Luigi, Bd. 08, S. 1567 ff.*

[19] **Cowen**, Hymen Frederick (später Sir Frederick Hymen Cowen), *1852 in Kingston, Jamaica, † 1935 in London. Er studierte bei Reinecke, Moscheles und Richter. Im Laufe der Zeit hatte Cowen viele bedeutende Stellungen inne; 1888 folgte er Sir Arthur Sullivan als Dirigent der *Philharmonic Society*. 1896 übernahm er die Leitung des *Sir Charles Hallé Manchester Orchestra* und verband mit dieser Anstellung die des Chefdirigenten der *Liverpool Philharmonic Society* und des *Bradford Orchestra*. 1900 wurde er zum zweiten Mal Dirigent der *Philharmonic Society*. In der zweiten Hälfte der zwanziger Jahre gab er seine Dirigententätigkeit auf und lebte bis zu seinem Tode in Zurückgezogenheit. *Vergl. auch: MGG: Cowen, Frederick Hymen, Bd. 02, S. 1759 ff.*

und all die anderen Meister des Taktstocks es auch ziemlich stark fühlen, wenn sie nur den Mut, die Energie, den Glauben an sich selbst und die Gewalt über ihr Orchester hätten, dass sie jene mitreißen und darauf bestehen, ihre Absichten in Erfüllung zu bringen. Richter hat diese Qualitäten, und er hat außerdem den Unterricht und die Bestätigung von Wagner. Aber dieses Lehren steht jedermann offen, der fähig ist, es zu würdigen. Es gibt kein himmlisches Mysterium um Richters Orchester. Die gewaltigen Forte-Stellen der *Rienzi-Ouvertüre*, das delikate Piano im *Meistersinger-Vorspiel* zum dritten Akt, das Bestehen auf den melodischen Charakter eines Beethoven-Allegro, das Glätten all der Ecken und Kanten und Sforzandi von der Oberfläche des melodischen Strömens, die natürlichen Bewegungen der Musik anstelle des abscheulichen Presto − all diese Veränderungen sind nun offensichtlich, seit Richter sie umgesetzt hat. Es ist Zeit für jüngere Leute, diese Qualitäten nun als selbstverständlich anzusehen. Aber während die Musik in London in hohem Maße dominiert, ist es nun an den Musikern, für die Musik bloß eine Phase von Vornehmheit ist − oder „Kultur", wie sie es nennen − aber leicht wird die Musikhauptstadt ihren Weg in die rechten Hände nicht finden. Doch es wird kommen. Richter hat seinen Posten (einschließlich seiner Pension) in Wien, die *Crystal Palace* Konzerte sind weit weg und teuer, die Anstellung eines neuen

---

[20] **Stanford**, Sir Charles Villiers, *1852 in Dublin, †1924 in London. An der Schule in Dublin empfing er eine gründliche klassische Erziehung. Bei M. Quarry studierte er Klavier. Robert Stewart, der an *St. Patrick's Cathedral* und am *Trinity College* amtierte, war sein Lehrer in den Fächern Orgel und Theorie. Später studierte er in Leipzig Komposition bei C. Reinecke und Klavier. Bei der Eröffnung des *Royal College of Music* wurde er zum Professor für Kompositon ernannt. Zwei Jahre später folgte die Ernennung zum *Professor of Music* in Cambridge, für einen 35jährigen eine außerordentliche Ehre. Durch diese Position und vor allem durch sein Amt am *Royal College of Music*, das er bis zu seinem Tode wahrnahm, erhielt er größten Einfluss. 1892 übersiedelte er nach London; er gab sein Organistenamt am *Trinity College* auf, da London seine Zeit und Kraft gänzlich beanspruchte. 1901 bis 1910 war er Dirigent *des Leeds Triennial Festival*. Vergl. auch: MGG: Stanford, Sir Charles Villiers, Bd. 12, S. 1172 ff.

[21] **Mackenzie**, (Sir) Alexander Campbell, *1847 in Edinburgh, †1935 in London. Mackenzies Vater war der am Edinburgher *Theatre Royal* tätig gewesene Dirigent und Komponist Alexander Mackenzie (1819-1857). Alexander Campbell Mackenzie besuchte die *Hunter's School* in Edinburgh und erhielt bei seinem Vater Musikunterricht. Später erhielt er ein Stipendium für die *Royal Academy of Music*, wo er bei Charles Lucas Harmonielehre und Komposition, bei Sainton, dem Lehrer seines Vaters, studierte. Nach Beendigung des Studiums ging er 1885 nach Edinburgh zurück. Hier wurde er in erster Linie als Musiklehrer an höheren Schulen tätig. Daneben war er u.a. Kantor an *der St. Georgs Church* (1870-1881). August Manns führte 1880 Mackenzies *Rhapsodie Ecossaise* und 1881 die zweite *Rhapsodie Ecossaise* in Glasgow auf. In der Zwischenzeit war Mackenzie jedoch gesundheitlich zusammengebrochen und hatte sich 1879 des wärmeren Klimas wegen in Florenz niederlassen müssen, wo in der Folgezeit seine schönsten Werke entstanden. Zeitweise betätigte sich Mackenzie auch als Dirigent der *Royal Choral Society*. 1892-1899 leitete er die *Philharmonic Society*. Vergl. auch: MGG: Mackenzie, Sir Alexander Campbell, Bd. 08, S. 1401 ff.

Manns ist also einfach. Er wird vielleicht nicht den Genius eines Richters haben, aber wenn er dann außerdem die Erfahrungen aus Richters 47 Jahren und einige von Richters wachsenden Tendenzen, dem Sieg für die Spannung des Abends zu vertrauen, nicht hat. Zumindest wird er ein großer Mann wie Habeneck[22] sein. Von diesem berichtet man, dass er, obwohl er nicht einen Funken von Genie hatte, schlechthin „die" klassische

François Antoine Habeneck

Aufführung der *Neunten Sinfonie* am Pariser *Conservatoire* leitete.

Übersetzung und Anmerkungen Text II

Hermann Levi[23]

Unsigned sub-leader in "The Daily Chronicle", 29 April 1895

Den großen musikalischen Erfolg des berühmten Münchner Dirigenten, Herrn Levi, nimmt das englische Konzertpublikum nicht ohne Widerwillen hin, ist es doch vertrauensvoll daran gewöhnt, dass unsere englische Dirigierkunst erstklassig ist. Herr Levi ist einer der Bayreuther Dirigenten. Wenn es da etwas

---

[22] **Habeneck**, François Antoine, *1781 in Mézières, †1849 in Paris. Die Familie stammte aus Deutschland. Mit 18 Jahren ließ er sich in Brest nieder und begann als Autodidakt, Violinenkonzerte und kleine Opern zu schreiben. Überdies ließ er eine Maschine bauen, die den Takt schlug; am Kapellmeisterpult ließ er zwei Pedale anbringen, die er mit den Füßen bediente, und die dann hinter den Kulissen durch ein Pendel den Takt anzeigten. Habeneck dirigierte nicht aus der Partitur, sondern aus der 1. Violinenstimme, in der er die Einsätze und Soli rot angestrichen hatte. Später bediente er sich dann des Taktstocks. Nicht als Geiger, sondern als Dirigent und Orchester-Erzieher ist Habeneck von Bedeutung. Seine strenge Disziplin machte aus dem Orchester des Pariser Konservatoriums das beste Europas. *Vergl. auch: MGG: Habeneck (Familie), Bd. 05, S. 1189 ff. Quelle der Fotografie: http://www.hberlioz.com/Photos/BerliozPhotos9.html. 23.06.2005.*

[23] **Levi**, Hermann, *1839 in Gießen, †1900 in München. Levi, Sohn eines Oberrabbiners in Gießen, trat 1852 in Mannheim in das Gymnasium ein. 1855-58 studierte er am Leipzig Konservatorium unter Hauptmann und Rietz. 1859 fand er seine erste Anstellung als Musikdirektor in Saarbrücken, von wo ihn Lachner 1861 als Vertreter des zweiten Kapellmeisters an die Oper nach Mannheim berief. 1894 wurde er GMD in München. Dort erwarb er sich als Dirigent in Oper und Konzert internationales Ansehen. Enge künstlerische Beziehungen zu Wagner ergaben sich seit seinen Vorbereitungen zur Erstaufführung der *Meistersinger* in Karlsruhe. Die persönliche Bekanntschaft mit Wagner zog Levi ganz in dessen Bann. Levi ist als einer der hervorragendsten deutschen Dirigenten in die Musikgeschichte eingegangen. *Vergl. auch: MGG, Levi, Hermann, Bd. 08, S. 680 ff.*

gibt, was dieser bescheidene Außenseiter bisher vermutlich besser etabliert hat als andere, glaubt man den allgemeinen Gerüchten und was Musikkritiken über seine musikalischen Intentionen sagen, dann ist es die Tatsache, dass das Bayreuther Orchester ein Wunder ist, weit jenseits englischer Möglichkeiten. Wenn unsere Dirigenten ein solches Orchester zur Verfügung hätten, so die Schlussfolgerung, dann würde das Ergebnis sein, dass das Ästhetikgefühl unserer Nation in taumelnde Ekstase geraten würde.

Aber wie ist es dann möglich, dass Bayreuther Dirigenten, wenn sie nach England kommen und das Londoner Orchester zum ersten Mal unter ihren Händen spüren, eine Art euphorischen Rausch zeigen, vergleichbar mit dem eines Pianisten, der sein Leben lang versucht hat, das Beste aus billigen und schlechten Instrumenten herauszuholen und nun plötzlich an einen Steinway- oder Erard-Flügel gesetzt wird? Sogar Richter, der seine ersten Erfahrungen hier in einer Zeit machte, in der die Dinge orchestermäßig zugegebenermaßen sehr schlecht waren, scheint das gespürt zu haben. Denn Herr Levi, der seinen Interviewern gegenüber sein Erstaunen und seine Freude offen ausdrückte, enthüllte dieses kleine Geheimnis, das Richter ihm als besondere Überraschung anvertraut hatte.

Und Herr Felix Mottl[24] verdankt sicherlich einen Teil seines hervorragenden Könnens, das er hier bei seinem ersten Konzert zeigte, der Aufregung, hier ein Orchester unter seinen Händen zu haben, auf dessen Pracht ihn seine Bayreuther Erfahrungen nicht im mindesten vorbereitet hatten.

---

[24] **Mottl**, Felix Josef, *1856 in Unter-St. Veit bei Wien, †1911 in München. Mottl war Sohn eines aus Böhmen stammenden Kammerdieners der Fürstin Palm, kam als Sopranist in das Löwenburg-Konvikt in Wien und absolvierte das Musikstudium am dortigen Konservatorium (u. a. bei Bruckner) mit Auszeichnung. 1876 durch Hans Richter in Bayreuth eingeführt, beteiligte er sich als eines der aktivsten Mitglieder der »Nibelungen-Kanzlei« an der Vorbereitung der ersten Bayreuther Wagner-Festspiele.1881-1903 wirkte er in Karlsruhe als Kapellmeister am Hoftheater und (bis 1892) als Dirigent des Philharmonischen Vereins. 1893 wurde er zum GMD ernannt. 1886 erstmals Dirigent der Bayreuther Festspiele, blieb er seitdem mit ihnen aufs Engste verknüpft. Mottls Bedeutung beruht in der reproduktiven Leistung, die ihn zu einem der größten Dirigenten seiner Zeit machte. *Vergl. auch: MGG, Mottl, Felix Josef, Bd. 09, S. 670 ff.*

Dennoch haben weder Richter noch Mottl dies Tatsache so offen und seltsam eingestanden wie Herr Levi. Er meinte offenbar, dass seine Bemerkungen gegenüber der Presse nicht überzeugend klingen würden, denn ein Fremder sagt im Ausland in einem Interview alles Mögliche. Deshalb behielt er sich das wahre Kompliment über unsere Qualitäten für den aktiven Augenblick auf der Bühne vor. Die Ankündigung von Beethovens *Siebter Sinfonie* als Hauptprogrammpunkt war zunächst nicht besonders verlockend, weil durch Richter, der ziemlich süchtig nach endlosen Wiederholungen seiner alten Erfolge ist, dieses Werk bereits sehr abgedroschen ist. Aber die Aufführung unter Levi erwies sich voller Überraschungen. Die Coda des ersten Satzes mit ihrer Magie, die so manchem Dirigenten entgeht, nahm dem Publikum fast den Atem durch ihre plötzliche und überraschende Ausführung, anscheinend ohne die geringste Mühe oder Anstrengung. Und während die Beethoven-Verehrer noch ehrfürchtig auf den Dirigenten starrten, der dieses Wunder ausgearbeitet hatte, dirigierte dieser nicht weiter und beobachtete gelassen, wie ein einfachen Amateurs auf den billigen Sitzen, wie das Orchester allein spielte.

Im berauschenden Galopp des letzten Satzes, der von all den anderen Wagner-Dirigenten mit der Erregung von Rennkutschern vorangetrieben wurde, führte Herr Levi den Satz in seinem Zwei-Takte-Rhythmus. Dann legte er seinen Taktstock nieder, putzte seine Nase, rieb seine Hände und vermittelte seinem Publikum im übrigen, dass er nur die Fliege auf dem Rad des englischen „orchestralen Rennwagens" war.

Natürlich ist der Meister seinem Orchester für seine vollendete Kenntnis bekannt, dass er wusste, wann er gebraucht wurde und wann nicht. Sie gehorchten ihm, wenn er wieder zu seinem Taktstock griff, als ob jeder Nerv des Orchesters in direkter Kommunikation mit seinem Gehirn stand. Selbst die *Tannhäuser-Ouvertüre*, die in dieser Zeit so abgedroschen ist, dass man sich fast nach *Wilhelm Tell* als Neuheit sehnt, war eine Offenbarung. Die Kadenz zum *Lied der Venus* sowie der Schlussteil des *Pilgerchores*, mit der neuen Fassung für Schlagzeug, produzierte einen nie zuvor gehörten Effekt.

Diese wiederholten Triumphe der Bayreuther Dirigenten geben erneut Grund, an Wagners eigene Definition der Funktion eines Dirigenten zu denken – so einfach, wie Kolumbus das Problem mit dem Ei löste: Er sagt nichts darüber, Partituren zu analysieren, ohne solche zu dirigieren oder imstande zu sein, jedes Orchesterinstrument selbst zu spielen oder jedem einzelnen Musiker seinen Einsatz zu geben (und allen im Saal zu zeigen, dass er es tatsächlich tut), sondern nach seiner Meinung besteht die ganze Aufgabe des Dirigenten darin, „dem Orchester das richtige Zeitmaß zu geben".

Herr Levi weiß anscheinend so genau, wo diese Funktion endet, dass er seinen Taktstock senkt, sobald das Orchester das genaue Tempo von ihm aufgenommen hat, und er greift erst wieder zu seinem Stock, wenn die nächste Tempoänderung bevorsteht. Es scheint so simpel zu sein, doch unsere eigenen Dirigenten scheinen das nicht so einfach zu sehen.

Levi strengt sich in gewisser Weise an, der populärste von allen berühmten Dirigenten zu werden, die Mr. Schulz-Curtius hervorgebracht hat. Richters Größe und Erhabenheit, Mottls konzentrierte Kraft und Finesse und Siegfried Wagners poetischer Zauber waren alle faszinierend, aber sie sind in keiner Weise dem trockenen Enthusiasmus Levis zuvorgekommen, seiner unfehlbaren künstlerischen Klugheit, der drahtigen Aktivität, dem humorvollen Verstand und der zähen, gesunden und professionellen Freude, die Dinge mit sicherer Hand so gut wie eben möglich zu tun wie dieser liebenswerte, schlaue alte Herr der schon nach nur zwei Proben mit unserem ziemlich sturen Londoner Orchester so spielt wie ein Töpfer mit seinem Ton.

Aber nun kommt die entscheidende Frage, im Vergleich zu der all diese Komplimente über ausländische Dirigenten nur das Vorwort sind. Wenn wir anerkanntermaßen die besten Orchester der Welt geschaffen haben, warum im Namen des britischen Patriotismus' produzieren wir die schlechtesten Dirigenten der Welt? Weshalb müssen wir nach Wien, Karlsruhe oder München gehen, um uns fähige Männer zu holen, die uns den Wert der von uns geschaffenen Orchester vorführen?

Und nachdem sie gekommen sind: warum ist die erste Auswirkung auf ihre Leistungen, all unsere eigenen Dirigenten als bloße Amateure, schlimmstenfalls als schreckliche Amateure zu verurteilen? Niemand mit gesundem Menschenverstand wird daraus den plumpen Schluss ziehen, dass Engländer schlechte Musiker sind oder weniger entschlossen und einfallsreich als deutsche oder jüdische Musiker. Es gibt keinen Beweis, dass irgendeiner der Wagner-Dirigenten musikalisch so hochbegabt ist, wie Professor Stanford es ist. Und Sir Alexander Mackenzie ist ganz sicher in Mut und physischer Energie einem, sagen wir, Siegfried Wagner unterlegen. Die wirkliche Differenz liegt natürlich in der unterschiedlichen Ausbildung. Der deutsche Musiker saugt die Musik seit seiner Kindheit auf, und zwar nicht mit Musik der Straßenklaviere, auch nicht mit *Margate-Pier-Musik* oder *Jackson in F*, sondern mit den Meisterwerken Beethovens und den Musikdramen Wagners. Der musikalische Engländer dagegen kann nur simplifizierte „Arrangements" auf einem billigen Klavier spielen und seine Schillinge sparen, wenn er in der Nähe von London, Manchester oder Glasgow wohnt, um ein- oder zweimal pro Jahr eine Sinfonie zu hören, die entweder von einem deutschen Experten oder einem englischen Novizen dirigiert wird. Oder er geht vielleicht in die *Royal Italian Opera*, um Gounods *Faust* unter Leitung von Signor Bevignani[25] zu hören.

Manchmal wird die Provinz mit einem „Festival" verwöhnt, dessen Einkünfte nicht der Einrichtung ständiger künstlerischer Aktivitäten in unseren deprimierend eintönigen, banausischen Provinzstädten gewidmet werden, sondern stattdessen einfach den Krankenhäusern mit der Begründung zugeteilt werden, dass das Festival nur eine Wohltätigkeitsveranstaltung mit einer musikalischen Umrahmung [*speziellen Hymne*] gewesen sei.

---

[25] **Bevignani**, Enrico (1841-1903), italienischer Dirigent. Er dirigierte am *Covent Garden* in den Jahren 1868-1887 und 1890-1896 u.a. Londons erste *Aida* (1876). *Vergl. auch: Shaw's Music, Bd. 03, biographical indexes, S. 774.*

Mottl sagt über die Kunst des Dirigierens, dass man sie nicht erlernen kann – dass man auf das Podium tritt und, wenn man es kann, es einfach tut. Aber wenn ein Engländer auf das Podium tritt, dann tut er es nicht, weil er es eben nicht kann. Wie kann er auch, wenn ihm die ganze Technik und Tradition eines Orchesters so fremd ist wie einem Südseeinsulaner das Eislaufen, egal wie großartig seine musikalische Begabung auch ist?

In den Orchestern unserer Theater und Konzerthallen finden sich viele kompetente Männer, die Sängerkomödianten begleiten, Musik für Pantomimen und Melodramen arrangieren, mit Orchestern von zwei bis zehn inkompetenten Spielern in Komischen Opern durch die Provinz ziehen oder in einem Londoner Theater in Zwischenaktmusiken stolz einen Walzer oder *Reminiscences* von Sullivan leiten. Aber sie sind nur kompetent in Werken, für die sie ausgebildet wurden. Gebt ihnen das gleiche Training und die gleiche Übung in den Sinfonien Beethovens und den Musikdramen Wagners, und es wird kein Bedarf mehr für importierte Dirigenten geben. Das ganze Problem ist eines, das von den örtlichen Behörden überdacht werden sollte.

Weshalb wir einen solch tiefen Sinn für die Pflicht haben, den Menschen Abbilder der Antike zu zeigen, Bücherregale voller Poesie in ihre Nähe zu rücken und doch niemals davon zu träumen, ihnen eine Gelegenheit zu geben, die Meisterwerke der Musik zu hören, ist nicht einsichtig.

Die Blaskapellen in den Parks, obwohl eine ausgezeichnete Einrichtung, lösen das Problem ebenso wenig, wie die Schaufenster in Haymarket und Bond Street die Notwendigkeit einer Nationalen Galerie ersetzen. Jede halbwegs wichtige Stadtverwaltung unseres Landes sollte mit Mr. Schulz-Curtius, Herrn Richter, Mr. Henschel, Sir Charles Hallé oder Mr. August Manns über ein oder zwei erstklassige Sinfoniekonzerte pro Jahr verhandeln. Diese könnten als Qualitätsvorbilder für die örtlichen Orchester dienen, die als Teil einer städtischen Kunstschule gegründet und mit Instrumenten ausgestattet werden sollten, deren Kosten von der Öffentlichkeit getragen würden. Danach sollten wir sehr bald damit beginnen, unsere eigenen Dirigenten heranzuziehen, anstatt sie vom Rhein zu rekrutieren.

Übersetzung und Anmerkungen Text III

Wagners Geburtstag
in: The World, 3 June 1891

Die Richter-Konzerte begannen am Montag vor einer Woche mit einem Programm von aufregenden Neuheiten, das in dieser Art in London seit langer Zeit nicht mehr zu hören war. Die *Siebte Sinfonie*, die *Parsifal-* und *Meistersinger-Vorspiele*, der *Walkürenritt* und eine *Suite* von Bach versprachen eine fortschrittliche und unternehmungslustige Stimmung, die sich noch in ihrem hervorstehenden Gefängnis unter der Weste des

Richard Wagner

großen Dirigenten verbarg. Im Ernst – denn das Verständnis für die feinen Nuancen des musikalischen Humors kann man beim englischen Publikum nicht immer voraussetzen – Richter hat nicht das Recht, ein Programm mit den abgedroschensten Werken seines Repertoires vollzustopfen, um sich mühsame Orchesterproben zu ersparen. Ich will damit natürlich nicht sagen, dass die *Siebte Sinfonie* und der Rest abgesetzt werden sollten, weil diese schon mehrere Male aufgeführt wurden. Ich bin aber unbedingt der Meinung, dass ihre Ausführung jedes Mal weiter ausgearbeitet und perfektioniert werden sollte, wenn man sie der Öffentlichkeit aufs Neue vorsetzt.

Nichts ist jedoch künstlerisch abträglicher, als sich auf die Ignoranz jener zu verlassen, die denken, dass allein der Name Richters eine Garantie für nicht verbesserungswürdige Perfektion ist. In Wirklichkeit ist das Orchester auf keinen Fall das, was es sein sollte, und es ist in den letzten Jahren nicht besser, sondern schlechter geworden.

Lassen sie mich ein oder zwei Beispiele nennen, die für viele stehen: Jeder Bayreuth-Pilger ist inzwischen vertraut mit diesen hämmernden, flatternden und schwingenden Klangwolken, wie sie die Geigen im *Parsifal* beim herabsteigenden Gral erzeugen. Das heißt, die Violinen sollten das eigentlich tun. Aber ohne eine höchst beharrliche und kritische Vorbereitung bringen sie nichts anderes hervor als ein wirres Durcheinander, in dem der Spötter sich zu Recht weigert, irgendetwas anderes als eine Unordnung von Dreiernoten- und Vierernotengruppen zu erkennen.

Die Eintrittspreise in Richters Konzerten sind hoch, und deshalb gibt es keinen Grund, dort minderwertige Leistungen zu tolerieren. Wir haben, wie ich meine, einen Anspruch darauf, das Orchester dazu zu bewegen, entweder diese Schwierigkeiten zu meistern oder die Finger vom *Parsifal* zu lassen. Am Montag vor einer Woche taten sie keins von beidem. Die Begeisterung, die das Publikum beim Vorspiel zeigte, bezog sich ganz und gar auf diesen beträchtlichen Teil des Werkes, der keinerlei technische Schwierigkeiten aufweist. Weshalb hierauf sogleich der *Walkürenritt* folgte, kann ich mir nicht erklären. Ob Richter, in einem Akt wilder Verachtung für das Londoner Publikum, beschlossen hatte zu zeigen, dass der Schock keinen Sinn für künstlerische Übereinstimmung machte, oder ob er genau der umgekehrten Ansicht war und glaubte, sich damit einen teuflischen Scherz auf seine Kosten zu gönnen, kann ich nur vermuten. Aber fest steht, dass wir noch die letzten göttlichen Klänge des *Parsifal* in unseren Ohren hatten, als uns schon der wilde Galopp der Walküren mit seinem barbarischen Krawall überrollte. Und ich kann Richter rückhaltlos versichern, dass es nie zuvor eine schändlichere Aufführung in der *St. James's Hall* gegeben hat. Uns eine solch lärmende, kratzende und kreischende Orgie als Klangbild der Töchter Wotans anzubieten, war ein Verbrechen an Wagner. Mit Sicherheit versteht Richter Ortlinde, Waltraute und die übrigen nicht als kreischende Xanthippen im Delirium, ohne Anmut, Stärke und Majestät. Denn das ist die Art des *Walkürenritts*, auf die ich schließen muss durch sägende Fiedeln, die wie schwirrende Schleifsteine klingen und Posaunen, die dermaßen überblasen werden, bis sie wie ein gesprungenes

Kornett klingen. Eine solche Behandlung degradiert Wagner auf die Ebene eines Wiertz[26] und suggeriert Neulingen, dass der *Walkürenritt* mit Tierquälerei gleichgesetzt wird, die der Meister „shelleyanischem"[27] Nachdruck verabscheute.

Ich habe oft genug Richters Genius sowohl als Interpret von Klangpoetik als auch von absoluter Musik Gerechtigkeit widerfahren lassen, um jedem Verdacht von bösem Willen gegen ihn oder seine Schule enthoben zu sein. Und ich leide allzu oft unter der Geistlosigkeit von Orchestern, die trotz aller technischen Geschliffenheit schmählich versagen, wenn Spannung des Klanges gefordert ist. Sie bleiben damit hinter den Erwartungen, die das Richter-Orchester mit seinem großartigen Sostenuto als Beispiel gibt, zurück.

Aber wenn es darum geht, sich auf den Ruf des Orchesters und des Dirigenten zu verlassen und auf sorgfältige Vorbereitung zu verzichten oder nach publikumswirksamen Erfolgen mit Stücken wie dem *Walkürenritt* zu greifen, was ich nur als instrumentale Raufboldereí beschreiben kann, dann ist es an der Zeit für jede Kritik, deren Lob nichts anderes bedeutete als Ergebenheit in die Mode, Richter anzubeten, ihn zu warnen, dass, wenn er nicht unverzüglich damit beginnt, seinem Orchester die Aufführungsqualität zu geben, deren Standard das Orchester des *Crystal Palace* gesetzt hat, sowie den Standard der ausgiebigen Vorbereitung, der mit den wunderbaren Berlioz-Aufführungen durch das *Manchester Orchestra* hier im letzten Winter gesetzt wurde, dann wird er seine alte Überlegenheit in der Gunst all derjenigen verloren haben, die bei der Aufführung von hochwertigen Orchesterwerken wirklich zwischen gründlicher und schlampiger Arbeit unterscheiden können.

---

[26] **Wiertz**, Antoine, 1806-1865. Französischer Maler.

[27] **Shelley**, Percy Bysshe, *1792 in Warnham (Sussex), †1822 in der Nähe von Livorno. Shelley erhielt seine Ausbildung am *Eton College* und am *University College Oxford*. Von letzterem wurde er wegen der Veröffentlichung seiner Schrift „Necessity for Atheism" (1811) verwiesen. Daneben zeigte er auch frühzeitig ein reges Interesse an politischen und sozialen Problemen. Shelley war einer der führenden englischen Romantiker, der als Dichter und Philosoph einen nachhaltigen Einfluss ausübte. Auffallend ist die seinen Dichtungen innewohnende Musikalität.
Vergl. auch: MGG, Shelley, Percy Bysshe, Bd. 12, S. 634 ff.

Das Wagner-Geburtstagskonzert im *Ham House*[28] war in vielerlei Hinsicht eine riesige Verbesserung zu Bayreuth. *Twickenham Ferry*[29] ist ein ausgezeichneter Ersatz für die Nordsee oder den Kanal. Und die Ersparnis meiner Reisekosten von £7 oder £8 auf 1s [*Schilling*] 5½d [*Pence*][30] sowie die Reduzierung der Reisezeit von 40 Stunden auf eine Stunde war hochwillkommen.

Was die Vergleiche zwischen den beiden Ländern betrifft, zwischen Richmond und dem Fichtelgebirge oder Richmond Park und dem Hofgarten oder dem Blick von Richmond Hill und dem von der Hohen Warte, so wäre es kleinlich, Deutschland in Bedrängnis zu bringen. Auf der anderen Seite gebe ich unumwunden zu, dass nicht einmal die Maßnahme, den Kornettspieler vor dem zweiten Teil des Konzertes in den Garten zu schicken, um das Schwert-Motiv vom *Ring des Nibelungen* zu spielen, die Tatsache aufwiegen würde, ohne Wagner-Theater und *Parsifal* zu sein.

Lord Dysart[31] tat, was man tun konnte. Er eliminierte die Erinnerung an das Theaterrestaurant durch ein Festzelt, in dem ich mein schlichtes wagnerianisches Mahl mit Mischbrot und Limonade neben den Wagner-Jüngern einnahm, die leichtsinnige Versuche mit Sauerkraut und Vanillepudding mit Rum machten. Und er empfing uns in einem Haus und Gelände, das fast so für den Nachmittag geeignet war wie unser eigenes Haus am Hampton Court. Dennoch, ein Haus ist ein Haus, und ein Theater ist ein Theater, und ich bitte Lord Dysart eindringlich, sich loszusagen von der nutzlosen Londoner Abteilung der Deutschen Wagner-Gesellschaft und stattdessen eine wirklich wichtige englische Vereinigung zu bilden, mit dem Ziel, ein Wagner-Theater zu bauen, das nur zehn Minuten Fußweg von seiner eigenen Tür entfernt ist.

---

[28] Altes Anwesen in einem Londoner Vorort.
Siehe auch: http://www.nationaltrust.org.uk/hbcache/property234.htm. 21.06.2005

[29] Siehe auch: http://www.twickenham-museum.org.uk. 21.06.2005

[30] Das englische Pfund war in 20 „schillings" (abgekürzt **s**) und „pence" (240 **d**) unterteilt.

[31] Lionel William John Tollemache, 1794-1878, war der 8. Lord Dysart

Übersetzung und Anmerkungen Text IV

Das Manchester Orchester

In: The World, 10 Dezember 1890

Charles Hallé

Sir Charles Hallé[32] hatte bisher eine glücklose Konzertsaison. Als ich sein letztes Konzert besuchte (an einem dieser furchtbaren Abende, der einen Kritiker eher an seinen eigenen Kamin fesselt, es sei denn, er mag Musik mehr als alltägliche Bequemlichkeit), spielte das *Manchester Orchestra* die *Oberon*-Ouvertüre mit Ernst vor einem Publikum, bei dem sich jeder Zuhörer bequem auf seinem Sitz ausstrecken konnte, ohne dass er seinen Nachbarn auch nur im geringsten damit gestört hätte. Doch es war ein ausgesuchtes Publikum: Nur wahre Enthusiasten konnten solch scheußlichem Wetter trotzen.

Es wäre misslich für uns hier, wenn wir das *Manchester Orchestra* nicht genug [*mit unserem Besuch*] unterstützen, um damit sicherzustellen, es von Zeit zu Zeit zu hören. In London neigen wir ziemlich dazu, zu denken, dass ein Orchester wie das andere ist. Denn wenn wir die gleichen Spieler hören, wohin wir auch gehen, schließen wir daraus, dass die Unterschiede nur aus dem Einfluss der verschiedenen Dirigenten resultieren.

---

[32] **Hallé**, Sir Charles (Halle, Karl), *1819 in Hagen, †1895 in Manchester. Er gab bereits als Vierjähriger Klavierkonzerte. 1836 studierte er kurz bei Rinck und Gottfried Weber in Darmstadt. Danach ging er nach Paris, lernte dort Chopin, Liszt, Berlioz und Wagner kennen und ließ sich als Pianist nieder. 1841 verheiratete er sich mit Désirée Smith de Rilieu und gab sich um diese Zeit seinem Namen die französische Form Charles Hallé. 1848 floh er nach England, wo er als Pianist bekannt wurde. Schließlich ließ er sich in Manchester nieder und wurde 1850 Leiter der *Gentlemen's Concerts*. Für die Kunstausstellung 1857 stellte er ein Orchester zusammen, aus dem sich dann das berühmte Hallé-Orchester entwickelte. Hallé wurde 1888 geadelt. Zwei Jahre vor seinem Tode ernannte man ihn zum ersten Direktor des *Royal Manchester College* of Music, dessen Gründung hauptsächlich seiner Initiative zu verdanken ist.
Vergl. auch: MGG: Hallé, Sir Charles, Bd. 05, S. 1370.
Bildquelle: http://www.artrenewal.org/images/artists/h/Halle_Charles_E/large/biopic.jpg. 21.06.2005.

Crystal Palace

Den größten Unterschied erlebt man zwischen dem Philharmonischen Orchester, das orchestrale Vornehmheit repräsentiert, und dem Richter-Orchester, das orchestralen Geist repräsentiert. Dennoch spielen ihre Mitglieder ständig im *Crystal Palace* [33] und anderswo miteinander. Sie schneiden ihre Oboen-Blätter gleich, sie benutzen die gleichen dünnen Klöppel – kurzum, das Äußere ihrer Aufführungen ist so identisch, um es für alle Konzerte in London gleichermaßen verwenden zu können, ebenso wie Coquelin's[34] unvergleichlich aufgerichtete Nase von allen seinen Darstellern nachgeahmt wird.

Das Publikum ist ebenso wie die Experten fähig, die technischen Unterschiede in der Musik einzuschätzen, obwohl es dies nicht so präzis wie Fachleute ausdrücken kann. Jeder Mensch hört mit seinen Ohren unterschiedlich und reagiert anders auf das Oboenspiel eines Horton oder das Musizieren eines Hirtenpfeifenspielers, auf die Klarinette eines Egerton oder eines Lazarus und auf das schmuddelige Holzblasinstrument seines Kollegen auf der Straße, das einen Klang zwischen einem billigen Harmonium und einem Kornett produziert, oder auf das Trommelspiel eines Chaine oder eines Smith und den Fanfaren eines Soldaten, der den Wasserkessel gegen die Trompete antreten lässt.

Die Unterschiede sind nicht unbedingt solche von gutem oder schlechtem Spiel, sondern von zwei verschiedenen Spielarten. Beide Extreme mit all ihren Abstufungen haben ihre eigene emotionale Bedeutung und deshalb ihren besonderen künstlerischen Wert. In Deutschland benutzen Klarinettisten Blätter, die einen grelleren, kräftigeren und reizvolleren Klang erzeugen als in England. Und das Ergebnis ist, dass bestimmte Passagen (z. B. im *Freischütz*) mit einer solchen Leidenschaft und einem solchen Drängen erklingen, dass sie

---

[33] Bildquelle http://www.victorianstation.com/palace.html. 21.06.2005. Dort lassen sich auch weitere Informationen zum *Crystal Palace* finden.

[34] **Coquelin**, Benoit Constant, 1841-1901, französischer Schauspieler.

einen Touristen überraschen, der sie nur von Egerton, Lazarus oder Clinton gespielt gehört hat. Aber wenn es um das *Parsifal-Vorspiel* oder den langsamen Satz in Beethovens *Vierter Sinfonie* geht, vermisst man den feinen Ton und die würdevolle Enthaltsamkeit der englischen Art.

Noch einmal, der „Sohn des Donners", der die Pauken im *Manchester Orchestra* schlägt, könnte mit diesen gewaltigen Klöppeln wohl kaum die Solopassage im Finale des *Es-Dur-Klavierkonzertes* von Beethoven so delikat spielen wie es ein Chaine tut, wenn ihm denn der Pianist dazu eine Chance gibt. Aber dann ist auch ein Chaine wiederum im Hintertreffen, wenn es zu dem Wirbel am Schluss kommt und beim kulminierenden Schlag auf der letzten Note von *Anitra's Tanz* in der *Peer-Gynt-Suite*, einer der schönsten Augenblicke im Leben seines Konkurrenten aus Manchester.

Deshalb wird Musik, obwohl sie eine universelle Sprache ist, mit allen möglichen Akzenten gesprochen, und der Lancashire-Akzent unterscheidet sich so deutlich vom Cockney-Akzent, dass dieses Orchester eine willkommene Abwechslung bildet, ohne dabei die Wechsel [*der Dirigenten*] von Cowen oder Cusins bis Hallé zu berücksichtigen.

Außerdem ist für die Musiker die Reise aus den Provinzen nach London erfrischend und lohnend. Sie verhindert die abgestumpfte Routine, die nur wenige Dirigenten mit ihrer Ausstrahlung ohne den hilfreichen Wechsel äußerer Umstände ausräumen können. Und man darf auch nicht zu betonen vergessen, dass das Orchester sowohl zu Hause als auch auf Reisen ausgezeichnet ist. In Forte-Passagen ist es dem Orchester des *Crystal Palace* kräftemäßig und dem Richter-Orchester in Qualität überlegen. Das ist ein Vorzug, der es ihm ermöglicht, bestimmte Effekte in den Partituren von Berlioz zu erzeugen, die keines der anderen Orchester überzeugend hervorzubringen imstande ist. Dies allein würde ausreichen, um ihm einen Stand Seite an Seite seiner Londoner Rivalen zu garantieren, wenn unsere Amateure darin eine wirklich Könnerschaft erlangt hätten.

Es ist wahr, dass Hallés Domäne die „absolute Musik" ist, wogegen der Trend in letzter Zeit mehr in die Richtung von Klangdichtung und Musikdrama ging. Aber das kann nicht andauern, denn jedes Konzert kann nicht nur aus Auszügen des *Rings* bestehen. Und man weiß nie so genau, welche Gesinnung Hallé vertritt. Als er die *Eroica-Sinfonie* in der letzten Saison dirigierte, erschien es aller Welt so, als dirigiere er eine Suite von Händel. Niemand hätte ihm zugetraut, mit Beethovens späten Werken umzugehen. Und doch beendete er dieses Konzert kürzlich mit einer Aufführung der *Siebten Sinfonie* so gut, wie ich es nie zuvor gehört habe – und ich habe Richter mehrfach damit gehört.

Im ersten Teil dieses Abends hatte er den Taktstock an Herrn Willy Hess[35] übergeben und selbst seinen alten Platz am Klavier für Dvoráks Klavierkonzert eingenommen, das er geistvoll mit beneidenswerter Leichtigkeit spielte. Die bloße Tatsache, dass er in seinem Repertoire ein langes und kunstvoll gearbeitetes Werk eines Mannes hat, der 22 Jahre jünger ist als er, zeigt, welche Art von Verehrungskult sich seiner bemächtigt hat.

Wenn Patti[36] oder Sims Reeves[37] anstatt Sänger geborene Pianisten gewesen wären, würden sie noch immer in jedem Konzert Mendelssohns g-Moll-*Konzert* spielen, mit Thalbergs[38] *Moses*-Fantasie als Solostück und einem leichten Schubert-*Impromptu* als Zugabe. [...]

---

[35] **Hess**, Willy, 1859-1939, war ein Schüler Spohrs. Er war u. a. Leiter des Hallé-Orchesters und Professor für Violine am Royal Manchester College of Music. Nach dem Tod Hallés wurde er Direktor des *College*.

[36] **Patti**, Adelina, 1843-1919, Sängerin. 1859 debütierte sie in New York als Lucia, einer ihrer späteren Hauptrollen. Ihr erstes Auftreten in London 1861 als Sonnambula, Lucia, Violetta, Zerlina, Martha und Rosina hob sie sogleich in die erste Reihe der großen Sängerinnen. Von da an gehörte sie dreiundzwanzig Jahre lang dem *Covent Garden* an und wurde gleichzeitig in allen Opernhauptstädten Europas, Nord- und Südamerikas sowie Russlands gefeiert. 1906 nahm sie offiziell Abschied von Bühne und Konzertsaal. *Vergl. auch: MGG: Patti (Familie), Bd. 10, S. 953.*

[37] **Reeves**, John Sims, 1818-1900, englischer Sänger, der seine Ausbildung bei seinem Vater, einem Musiker der *Royal Artillery*, erhielt. Sims war auch Organist und spielte außerdem Oboe, Fagott, Geige und Cello. Er begann als Bariton und wurde später einer der führenden englischen Tenöre. *Vergl. auch: Shaw's Music, Bd. 03, biographical indexes, S. 785.*

[38] **Thalberg**, Sigismund, *1812 in Genf, †27. April 1871 in Posillipo bei Neapel. Er soll Schüler von Hummel gewesen sein. Thalberg galt zusammen mit seinem Antipoden und Altersgenossen Liszt als der bedeutendste Klaviervirtuose der ersten Hälfte des 19. Jahrhunderts. Er komponierte u. a. Fantasien über Opernthemen.
Vergl. auch: MGG: Thalberg, Sigismund, Bd. 13, S. 273 ff.

Übersetzung und Anmerkungen Text V

Das Manchester Orchester

In: The World, 10 Dezember 1890

Der Bahnhof in Euston

[...] Ich selbst habe nach der Lektüre nichts zu bemängeln, außer in punkto der Geschichte. All die Vorstellungen über das frühe und barbarische Mittelalter sind Halluzinationen unserer Zeit, teils fromm, teils kommerziell. Finstere Zeitalter gab es nie, außer in der Vorstellung der ignoranten Zeit. Sehen Sie sich ihre Kathedralen und Häuser an. Und dann glauben Sie immer noch, wenn Sie es können, dass sie [*die Menschen früher*] weniger kreativ waren als wir, die wir den Bahnhof in Euston[39] und das Gambetta[40]-Denkmal geschaffen haben? Und man stelle sich vor, dass von allen Männern ausgerechnet Maurel[41], der Architekt war, bevor er auf die lyrische Bühne trat, an so etwas glauben sollte! Allerdings glaubt er nicht wirklich daran, denn anstatt es anschließend weiterzuverfolgen, tat er das Gegenteil und erklärte, dass die Kunst schon „seit der Renaissance zum Teufel" gewesen sei.

Ich mache keine Ausnahme darin, was die Vorträge oder vokalen Illustrationen betrifft. Seit Vorträge aufkamen, ist die Rolle des Vortragenden noch nie besser ausgeübt worden. Wenn das Talent eines Mannes sich nur auf eine bestimmte

---

[39] Bildquelle des Bahnhofs von Euston: http://en.wikipedia.org/wiki/Euston_station. 03.07.2005.

[40] **Gambetta**, Léon (1838-1882), französischer Staatsmann und Botschafter in England. Es gibt zwei große Gambetta-Denkmäler: eines in Paris, das andere in Bordeaux. Vergl. auch: http://en.wikipedia.org/wiki/L%C3%A9on_Gambetta. 08.07.2005.

[41] **Maurel**, Victor, *1848 in Marseille, †1923 in New York. Maurel war Schüler der Konservatorien von Marseille und Paris, wo er 1867 mit den Ersten Preis abschloss. 1868 debütierte er an der *Opéra* als Nevers (*Les Huguenots*). Unzufrieden mit den ihm zugewiesenen Rollen verließ er Paris und sang an den Bühnen von Petersburg, Kairo u.a. Städten. 1870 trat er an der Mailänder Scala auf. 1873-1879 sang er jährlich an der italienischen Oper des *Covent Garden*, wo er in den italienisch gesungenen englischen Erstaufführung von *Lohengrin* und *Tannhäuser* den *Telramund* bzw. den *Wolfram* interpretierte. Den höchsten Ruhm seiner Kunst erntete Maurel als *Jago* und *Falstaff* in den Uraufführung von Verdis *Otello* und *Falstaff* an der Mailänder Scala. *Vergl. auch: MGG; Maurel, Victor, Bd. 08, S. 1833.*

vokale Technik und ein stark ausgeprägtes südländisches Temperament beschränkt, kann er durchaus damit Karriere machen.

Die Vortragsnuancen bei Verdi drückt er [*Maurel*] aus, als wäre er Italiener und in dieser Tradition geboren. Die Nuancen bei Wagner und Mozart muss er dagegen erlernen [*übertragen*]. Doch so klug und geschickt er dies auch macht, es bleibt für mich eine Übertragung. Die starken Stimmungen und die raschen, direkten Äußerungen eines *Jago* und *Rigoletto* füllt er mit Leben. Aber *Wolfram* und *Don Juan*, mit ihren sehnsuchtsvollen nordisch-abstrakten, endlos dahinfließenden wechselnden Gefühlen, finden nur in ihm einen fähigen Interpreten.

Ich muss noch einmal auf das Hallé-Orchester zurückkommen, um über eine ausgezeichnete Aufführung der *Symphonie Fantastique* von Berlioz zu berichten. Zur Zeit kann sich kein Londoner Orchester an dieses Werk heranwagen, weil keines der Londoner Orchester es gründlich genug studiert hat. Wir können zwar die Noten vorgespielt bekommen, was manchmal geschieht, doch wie im Falle des ersten Satzes der *Neunten Sinfonie* zeigt der Versuch nur ein enttäuschendes Durcheinander.

Das Manchester-Orchester jedoch kennt das Werk inzwischen durch und durch und bewältigt es mit einer Freiheit und geistvollen Intelligenz, die uns alle seine Lebendigkeit und seinen tiefen Sinn hervorbringen, und das außerdem ohne einen Dirigenten zu überfordern. Man kann nur besonders hoffen, dass die Orchester-Studierenden des *Royal College of Music*, die vor zwei Tagen einen Auftritt mit der *Harold Symphony* in *St James's Hall* hatten, in diesem Konzert zugegen waren. Wenn das so war, dann muss ihnen bewusst geworden sein, wie sehr sie unterlegen waren, trotz der hochzulobenden Fertigkeit, die sie in der Behandlung ihrer Instrumente erlangt haben, und trotz des ausgezeichneten harten Trainings, das sie im Ensemblespiel erhalten haben.

Die Gesangsvorträge der Schüler des *Royal College* zeugten eindrücklich von der Fülle der negativen Ausbildungsratschläge dieses Instituts. Man kann unschwer sehen, wie ernsthaft den jungen Vokalisten gesagt wurde, was sie alles nicht tun sollen – wie z. B. mit ihrem Atem nicht auf die Noten zu drücken, den Klang nicht zu forcieren, nicht angestrengt zu singen etc. Wenn das *College* gegenwärtig nur Erfolg bei der Suche nach Lehrern hätte, die den Schülern beibringen könnten, was sie tun sollen, dann würden diese bald echte Gesangskunst zeigen. Gegenwärtig erscheinen mir diese Schüler jedoch kaum fortgeschrittener, als es M. Jourdain im Fechten war, nachdem sein Trainer ihm die zwei wichtigsten Dinge beim Proben dieser Kunst gelehrt hatte – erstens, deinen Gegner zu schlagen und zweitens zu verhindern, dich von ihm schlagen zu lassen.

Das Konzert von Mr. [*Frederic*] Boscovitz in der *Steinway Hall* in der letzten Woche war ungewöhnlich hörenswert. Er hatte ein Spinett und ein Cembalo, beides wirklich hervorragende Instrumente ihrer Art, und darauf spielte er eine Reihe alter Werke von Bull's „Carman's Whistle" bis zum „Harmonischen Grobschmied". Gelegentlich wiederholte er ein Stück auf einem Steinway-Flügel, was eine abscheuliche, aber immerhin interessante Wirkung hatte. Der Unterschied zwischen einem Cembalo und einem Flügel ist etwa so, wie zwischen einer Oboe und einer Böhm-Flöte oder wie zwischen einem Fagott und einem Euphonium[42]. Sollte Mr. Boscovitz dieses Konzert oder den Vortrag wiederholen, täte er gut daran, der Vollständigkeit halber sowohl auch ein Clavichord zu spielen, wenn er eines bekommen kann, als ein Cembalo mit zwei Klaviaturen für Bachs *Italienische Konzerte*. Mit der Streichung der letzten beiden Sätze dieses Werkes versetzte er das Publikum in beträchtliches Erstaunen und schien plötzlich den Glauben an das Durchhaltevermögen seiner Zuhörer zu verlieren. Die von Bach eingezeichneten Piano- und Forte-Stellen können nur auf einem zweimanualigen Cembalo dargestellt werden. Wenn Mr. Boscovitz ein solches Instrument nicht zur Verfügung hat, dann sollte er dies als

---

[42] Blechblasinstrument, das zur Familie der Flügelhörner gehört und hauptsächlich in der sinfonischen Blasmusik Verwendung findet.

Verteidigung seines eigenen Spiels erklären. Ich bekenne, dass ich nicht wusste, was geschehen war, bis es mir Mr. Fuller Maitland[43] erklärte. Ohne diese Warnung hätte ich sicherlich in Unkenntnis Mr. Boscovitz bezichtigt, nicht Bachs Anweisungen befolgt zu haben. [...]

Übersetzung und Anmerkungen Text VI

Die schelmische Patti

In: The World 26 November 1890

Für einen erfahrenen Musiker gibt es kaum etwas Schlimmeres als ein Konzert mit gemischtem Programm. Ein Balladenkonzert, ein Sinfoniekonzert oder ein Klavierkonzert – all diese Konzerte sind willkommen, wenn sie nicht zu lang sind. Aber das altmodische „Große Konzert" mit einer Ouvertüre hier, einer Opernszene dort und einer Ballade oder einem Instrumentalsolo dazwischen, ist unerträglich. Außerdem schafft es eine verwirrende Atmosphäre, indem es eine große Menschenmenge versammelt, die keine bestimmten musikalischen Vorstellungen hat, alles locker aufgereihte gutmütige Geschöpfe, die nur durch der Namen der Ausführenden angelockt werden. Sie kennen zwar die Unterschiede zwischen Edward Lloyd[44] und Sims Reeves [*siehe Fußnote 25*] , aber nicht zwischen einer Donizetti-Cavatina und einer Bach-Fuge.

---

[43] Maitland, John **Fuller-Maitland**, * 1856 in London, †1936 in Borwick Hall, Carnforth. Er besuchte die *Westminster School* in London und das *Trinity College* in Cambridge. Seine musikalischen Studien wurden von Edward Dannreuther und W. S. Rockstro geleitet, wobei letzterer in seinem Schüler Interesse für alte Musik zu erwecken verstand. Fuller-Maitland wurde in Cambridge auch nachhaltig von Stanford beeinflusst. 1882 erlangte er die Würde eines M. A. an der Universität Cambridge; Sieben Jahre später wurde er Musikkritiker der *Times*. Er behielt diese musikpolitische Schlüsselstellung 22 Jahre lang (1889-1911). Vielleicht seine wichtigste herausgeberische Leistung war jedoch die Revision vom *Grove*, die um 1904 eine dringende Notwendigkeit geworden war. Nachdem Fuller-Maitland seine kritische Tätigkeit bei der *Times* beendet hatte, zog er sich in die Stille seines Landsitzes zurück. Der Umfang seiner schriftstellerischen Tätigkeit wurde geringer. *Vergl. auch. MGG, Bd. 04, S. 1139 ff.*

[44] **Lloyd**, Edward, 1815-1890 war Herausgeber der Zeitung *Daily Chronicle*, die er zur „ersten" Zeitung in London machte.

Unter all diesen gemischten Konzerten ist ein Patti-Konzert der Gipfel. Man stelle sich vor: *Ernani involami* mit *Robin Adair*[45] als ein Ritornell, oder *Within a Mile* angefügt an *Ombra leggiera* [*von Giacomo Meyerbeer*] oder *Home, Sweet Home*, dem *Il Bacio* [*von Luigi Arditi*] vorausgeht! Wir hatten alle drei – ich meine alle sechs in der letzten Woche in der *Albert Hall*, und dieses Riesenpublikum nahm daran nicht den geringsten Anstoß.

Adelina u. Carlotta Patti[46] Die Selbstgefälligkeit, mit der es diese miserablen Übergänge hinnahm, zeigte, dass sich für diese Zuhörer alle Musikstücke glichen. Es gab einmal eine Zeit, da war so etwas entschuldbar, obwohl Patti als dramatische Sängerin noch nie überzeugend oder auch nur in der Weise interessant gewesen ist, wie sich z. B. Giulia Ravogli[47] auszeichnet. Doch früher wollten wir nur diese figurierten Arien der alten Schule auf diesem wunderbaren vokalen Instrument hören, mit seinem großen Tonumfang, mit dieser vogelgleichen Beweglichkeit und dem Charme des Vortrags sowie einer einmaligen Kombination aus einer zauberhaften Kinderstimme und einer vollendeten Frauenstimme. Und was für eine Frau sie war! Eine vollendete Künstlerin, die alle technischen Schwierigkeiten so perfekt wie Sarasate[48] auf seiner Violine meistern konnte. Zudem war sie eine kluge und eigenwillige Verhandlungsführerin, die imstande war, den vollen Wert ihrer Stimme bis auf den letzten Cent zu vermarkten. Und doch war ihr Image nie ein anderes als das des verwöhnten Lieblings Europas, der reizbaren, kapriziösen kleinen Diva, die sang wie ein Kanarienvogel, ohne eine Viertel- von einer Achtelnote oder

---

[45] Bei *Robin Adair* scheint es sich um ein bekanntes Lied gehandelt zu haben.

[46] Bildquelle der Geschwister Patti: http://www.picturehistory.com/find/p/21827/mcms.html. 23.06.2005.

[47] **Ravogli**, Giulia, 1866-??, war eine italienische Opernsängerin.
Siehe auch: http://www.ancestorinfo.com/stage_celebrities_of_1894.htm. 20.06.2005.

[48] **Sarasate**, Pablo de, *1844 in Pamplona, †1908 in Biarritz. Die früh entdeckte außergewöhnliche geigerische Begabung verschaffte dem Achtjährigen ein privates Stipendium, mit dem er in Madrid studierte. Die Glanzzeit Sarasates als Reisevirtuose begann nach der Tournee durch Nord- und Südamerika 1867-1871, und bis in sein Todesjahr war er (auch Deutschland und Österreich gehörten ab 1876/77 zu seinen bevorzugten Reisezielen) eine der am häufigsten und bewundertsten Erscheinungen in den Konzertsälen ganz Europas einschließlich Russlands. 1889/90 ging er ein zweites Mal nach Amerika. *Vergl. auch: MGG, Sarasate, Pablo de, Bd. 11, S. 1399.*

eine Zwanzig-Schilling- von einer Sixpence-Münze unterscheiden zu können. 500-Pfund-Noten mit dem Fleiß und Eifer eines Duran zu verdienen, mit der Hartnäckigkeit eines Rothschild[49] darüber zu verhandeln und sie mit der faszinierenden *insouciance* [*Sorglosigkeit*] eines Harold Skimpole[50] in die Tasche zu stecken, das war fraglos die Perfektion von Arbeit und Spiel, die höchste Leistung des *savoir vivre*. In jener Zeit war es egal, was auf dem Konzertprogramm stand, Hauptsache, der Name Patti stand ganz oben auf der Liste der Sänger. Damit umging man die Schwierigkeiten, sich etwas anderes einfallen zu lassen als das sinnlose Eintopfprogramm der gemischten Art. Aber das Ausmaß, mit dem man daraus seinen Nutzen zog, erregte bei guten Musikern immer Anstoß. Was mich betrifft, so muss ich sagen, dass ich diese Konzerte nicht mehr mochte, weil ich spürte, wie vergeblich jeglicher Protest gegenüber dem großen kommerziellen Erfolg war.

Aber die Zeit kommt mir schließlich zu Hilfe. Patti muss sich nun solch großen Stücken wie *Ombra leggiera* entziehen, ebenso wie Mr. Sims Reeves, der dem Alter nach ihr Vater sein könnte und seine Kräfte in *The Message* sparsam einsetzt. Es gibt Dutzende junger und publikumserfahrener Soprane, die *Ah, non giunge* [*von Vincenzo Bellini*] besser singen, als sie es vielleicht beim nächsten Mal könnte.

Inzwischen ist es der Patti zu riskant geworden, noch kühne Höhenflüge bis zum hohen Es zu versuchen. Ihrer zauberhaften Ausstrahlung als wundervoll figurierende Solistin beraubt, ist sie, soweit es Opernarien betrifft, nun reduziert auf ihre Fähigkeiten als dramatischer Sopran, wo sie aber schlicht als uninteressant gilt. Glücklicherweise hat sie aber noch ein anderes Eisen im Feuer, eine Fähigkeit nämlich, die lange Zeit als ihre beste galt. Sie ist eine großartige Balladensängerin, und ich habe keine Zweifel, dass ich sie als alter Kauz in zwanzig Jahren *Home, Sweet Home* vor einem Publikum singen höre,

---

[49] Wahrscheinlich ist in diesem Fall Lionel Nathan **Rothschild** (1808-1879) gemeint. Er war der bedeutendste Rothschild seiner Generation und führte als Hauptverantwortlicher die Londoner Rothschild-Bank, deren Spitzenplatz er noch ausbauen konnte.

[50] Figur in Charles Dickens (1812-1870) „Bleak House".

dessen liebevolle Verehrung ich traurig mit der glühenden Begeisterung jener Tage vergleichen werde, als das schwarze Haar noch nicht den Farbhauch eines Sonnenuntergangs hatte. Und ich werde den jungen Leuten mit der lockeren Gutmütigkeit meines Alters erzählen, dass sie einmal die schönste Frau Europas war und sagenhaftes Geld verdiente, dass sie ihr Repertoire nie um neue Stücke erweiterte und dass selbst ich mich manchmal über sie aufgeregt habe, obwohl mir immer bewusst war, dass sie nichts weiter getan hatte, als sich in den Dienst der Kunst zu stellen, die ihr alles bedeutete.

Aber gegenwärtig kann ich nur sagen, dass ich in der *Albert Hall* war, um sie wieder zu hören. Ich würde zwar keinen Twopence geben, um *Ernani involami* und *Ombra leggiera* in dieser Weise und unter diesen Umständen gesungen zu hören, aber in den Balladen ist sie noch konkurrenzlos, außer in unseren Erinnerungen an sie selbst. Dennoch bin ich überzeugt, dass in der Zukunft das Interesse an der Patti durch die Anziehungskraft qualitätvoller Musik und künstlerisch zusammengestellter Programme verstärkt werden kann.

Ich darf nicht zu erwähnen vergessen, wie Miss Gomez als Wiedergutmachung für ein zu Beginn aufgeführtes schwachsinniges Schundstück eine Präsentation von Hattons *Enchantress*[51] bot, die jegliche Kritik in mir überflüssig machte und der entschieden größte Erfolg dieses Konzertes war, außer vielleicht Sims Reeves's Vorstellung eines neuen Stücks mit dem Titel *Come into the garden, Maude*.

Was Chevalier Emil Bachs[52] Vortrag betrifft, der Liszts Paraphrase über Webers *Polonaise in E* spielte, so möchte ich dazu nur bemerken, dass ich zweifelte, ob ich es selber nicht hätte viel besser spielen können. Jene, die meine Fähigkeiten als Pianist kennen, benötigen keinen weiteren Hinweis über mein Urteil.

---

[51] Eine dramatische Ballade von John Liptrot **Hatton** (1809-1886).

[52] **Bach**, Leonhard Emil,*1849 in Posen † 1902 in Berlin. Er war Komponist und Pianist und unterrichtete ab 1882 an der *Guildhall-School* in London. Er schrieb Klavierstücke und Opern. *Vergl. auch:* *http://www.operone.de/komponist/bachle.html. 20.06.2005.*

Am letzten Donnerstag begannen die Londoner Sinfoniekonzerte. Aus verschiedenen Gründen habe ich diese Konzerte seit ihrer Gründung nicht sehr detailliert verfolgen können. Ein kurzer Einblick ins Anfangsstadium dieser Reihe hinterließ in mir den Eindruck, dass das Orchester etwas unterbesetzt und der Dirigent überbesetzt war. Deshalb beschloss ich, da diese Konzerte sehr gefragt waren und ich sie nicht nachdrücklich befürworten konnte, sie sich selbst zu überlassen und die weitere Entwicklung abzuwarten. Als ich am Donnerstag letzter Woche zu neuen Erkundungen zurückkehrte, fand ich die Sache ziemlich verändert vor. Das Orchester war fit auf allen Gebieten. Und Mr. Henschel[53] dirigierte ohne jene Nervosität in Details und begrenztem Überblick, die ihn früher noch etwas hinderten, als er vom Klavierhocker der Salonmusik auf das Dirigentenpodium wechselte. Noch immer hat er gelegentlich nicht die komplette Führung im Griff. Wenn sich der Höhepunkt einer Komposition nähert, wenn eine stabile Ruhe erforderlich ist, um alle Eile und Erregung zu vermeiden, wenn die Musik sich zur beeindruckendsten Weite des Klanges und höchstem Stilgefühl verbreitert, deren das Orchester fähig ist, dann eilt er unwillkürlich und lässt sich vom Schwung der Bewegung mitreißen und verpasst die unerschütterliche, wuchtige Größe, die uns Richter in bestimmten Krisensituationen zu erwarten gelehrt hat.

Ich meine natürlich nicht damit, dass Henschel nicht eher ein vollendeter Meister ist, bevor er eine Kopie Richters ist. Im Gegenteil, der deutliche Unterschied in ihren Temperamenten kann nur eine höchst willkommene

---

[53] **Henschel**, Isidor Georg, später Sir George, *1850 in Breslau, †1934 in Aviemore (Invernessshire, Schottland). Bereits als Zwölfjähriger trat Henschel mit Webers *Konzertstück* in Berlin auf. Als Achtzehnjähriger sang er den Hans Sachs in einer Konzertaufführung der *Meistersinger* in München (1868). In diese Zeit fällt auch Henschels Zusammentreffen mit Liszt, mit dem er in Weimar mehrere Wochen hindurch musizieren durfte. 1867-1870 studierte er am Leipziger Konservatorium unter Moscheles und Papperitz Klavier und Orgel, bei Reinecke und Richter Musiktheorie, dazu Gesang. 1877-1879 war Henschel zum ersten Mal in seiner späteren Wahlheimat England als Sänger und Dirigent tätig. Henschel, der sich 1890 naturalisieren ließ, löste 1886-1888 Jenny Lind-Goldschmidt als Gesangs-Professorin am *Royal College of Music* ab und gründete 1886 die *Londoner Symphony Concerts*, die er seit 1891 durch einen permanenten Chor verstärkte. 1893-1895 leitete er die Konzerte des *Scottish Orchestra* in Glasgow. In späteren Jahren war Henschel noch vielfach als gesuchter Gesangspädagoge, als Dirigent der Londoner *Handel Society* tätig. Der Dirigent Henschel hat in London, Glasgow und Boston als Gründer heute hochbedeutender Orchester-Vereinigungen wichtige Pionierarbeit geleistet und im Westen viel zum breiteren Verständnis der Musik der Wiener Klassik beigetragen. *Vergl. auch: MGG, Henschel, Isidor Georg, Bd. 06, S. 164 ff.*

Differenzierung sein, wenn sich Henschel gegenüber Richter in Originalität und Unabhängigkeit als ebenbürtig erweist.

Wir wollen nicht diese missgebilligte Eintönigkeit der Leute, die alle die gleichen glänzenden schwarzen Hüte und weißen Manschetten tragen, die alle die gleichen moralischen Ansichten äußern, die alle die gleichen festen Uhrzeiten einhalten, die gleiche Nahrung essen und trinken, in Häusern gleicher Bauart und in gleicher Nachbarschaft leben, Frauen der gleichen Gesellschaftsklasse heiraten, in gleichen Klassen der Eisenbahnwaggons reisen und sich nicht mehr trauen, eine Haaresbreite von dieser von allen überwachten Routine abzuweichen oder ein in Zeitungspapier eingepacktes Stück Hammelfleisch von *St James's Palace* zum Königshaus zu tragen.

Sie würden sofort über mich herfallen, wenn ich nur für einen Augenblick den Wert eines unabhängigen Gedankens, einer individuellen Initiative, des aktiven und freien Lebens und selbst gelegentlicher Exzentrik aus den Augen verlieren würde. Und ich bin zu verhindern eingeengt, sie zu kränken, denn ich versichere ihnen, dass sie sehr einflussreich sind.

Deshalb beeile ich mich zu erklären, dass ich es nicht möchte, dass Mr. Henschel Richters Interpretationen, z. B. der Ouvertüre zum *Fliegenden Holländer*, sklavisch übernimmt. Aber ich möchte, dass er die Hast und den Tumult des Sturms aus dem Erlösungsmotiv heraushält – um diese Kräfte wie den grimmigen Tod zurückzuhalten, wenn sie dort angekommen sind, so dass sie dem Ganzen eine wahre Erhabenheit des Ausdrucks verleihen können, anstatt kaum Zeit zu haben, darüber hinwegzustürzen, bevor der Sturm erneut über sie kommt.

Richter hat sich in solchen Passagen in der Hand, indem er niemals in einem Satz davon rennt, niemals Crescendo mit Accelerando verwechselt – tatsächlich neigt er stattdessen in solchen Fällen zu einem Allargando. Und niemals würde er sich selbst damit irritieren, zwei Schläge in einem Takt zu dirigieren, wenn einer ausreichend sein würde, wie beispielsweise in einem mozartschen Allegro im Zweiviertel-Takt. In solchen Fällen macht es einen Unterschied, wenn man einfach einen Kunstgriff eines Konkurrenten übernimmt und ihn imitiert.

Und nun, damit meine Kritik nicht durch zu langes Verweilen bei einem speziellen Punkt aus dem Gleichgewicht kommt, beeile ich mich zu sagen, dass die Henschel-Aufführung von bemerkenswerter Qualität war, weit über all dem, was wir in einem gewöhnlichen Philharmonischen Konzert gehört haben, vollendeter in den Ausführungsdetails als die Richter-Aufführungen in letzter Zeit gewesen sind, und im Ganzen gesehen versprechen sie schließlich, den *Crystal Palace* Konzerte in der musikalischen Wertigkeit ebenbürtig zu werden und sie sogar noch in der sozialen Bedeutung durch ihre Preisgünstigkeit und größeren Zugänglichkeit zu übertreffen. Sogar Mozarts *Prager Sinfonie*, ein Meisterwerk, das überall in England, außer unter Richters Leitung, zu einem geistlosen Misserfolg geworden wäre, wurde uns näher gebracht als ich erwartet hatte und zu der Spekulation Anlass geboten, wie es wohl klänge, wenn lauter Mozarts im Orchester säßen.

Während einer Aufführung einer alten Ouvertüre eines unbedeutenden Mitglieds der Bach-Familie wurde ich durch etwas verärgert, was ich irgendwo für das Klingeln einer Telefonglocke hielt. Aber es stellte sich heraus, dass es Dr. Parry[54] war, der den Part auf einem klapprigen Cembalo spielte. Obwohl die Ouvertüre 100 Jahre alt ist, wurde sie nicht für ein Cembalo dieses Jahrhunderts geschrieben. Dr. Parry hätte ebenso gut das *Emperor Concerto* auf einem Broadwood[55]-Flügel von 1809 spielen können.

---

[54] **Parry**, Charles Hubert Hastings, *1848 in Bournemouth, †1918 in Rustington (Oxfordshire). Bestimmende musikalische Eindrücke wurden dem Knaben durch Samuel Sebastian Wesley, den Sohn Samuel Wesleys, vermittelt. Bereits in Eton (1861-1867) zeichnete sich Parry als Komponist, Sänger und Pianist aus. In Oxford wurde Parry 1870 zum B. A. graduiert. In London studierte er Komposition. 1894 wurde Parry zum Direktor *des Royal College of Music*, als Nachfolger Charles Groves, ernannt. *Vergl. auch: MGG, Parry, Charles Hubert Hastings, Bd. 10, S. 836 ff.*

[55] John **Broadwood** & Sons ist eine englische Klavierbaufirma.

Persönlicher Schlusskommentar

Aus den bearbeiteten Artikeln lässt sich eine große Bewunderung für Richard Wagner und Ludwig van Beethoven herauslesen. Unter den Dirigenten scheint Hans Richter, besonders als Wagner-Dirigent, Shaws Favorit zu sein. Grundsätzlich bemängelt Shaw, dass es keine erstklassigen englischen Dirigenten gibt und dass fähige Dirigenten aus Deutschland importiert werden müssten. Shaw begründet dies nicht etwa mit mangelnder Begabung der Engländer, sondern mit einem unterschiedlichen musikalischen Umfeld. Shaw ist davon überzeugt, dass England bei gleichen Voraussetzungen ebenso große Dirigenten hervorbringen würde, denn die englischen Orchester gehören, so Shaw, zu den besten der Welt.

Grundsätzlich kritisiert Shaw die Programmgestaltung bei vielen Konzerten. Er bemängelt, dass zu oft die gleichen Werke gespielt werden und das bei sinkendem Niveau. Die musikalischen Leistungen der Orchester in Konzerten werden von Shaw auf eine teilweise verletzende Art und Weise niedergemacht. Dem Verfasser stellt sich an dieser Stelle die Frage, welche Maßstäbe Shaw anlegt. Er hört die besten Orchester der Welt mit den besten Dirigenten – was will er mehr? Die Kritiken Shaws lassen erkennen, dass er ein Kenner des Repertoires ist. Auffällig ist, dass der sonst nicht gerade unbescheidene Shaw sich in einer seiner Rezensionen (vergl. Text V, Seite 28, letzter Absatz) selbst der Unkenntnis bezichtigt – eine m. E. erstaunliche Wortwahl, da es hier offensichtlich ernst gemeint ist.

Auffällig ist weiterhin, dass Shaw oftmals allgemeine Dinge schreibt, die mit der Konzertkritik nichts zu tun haben. Oftmals schweift er auch ab, was er teilweise selbst innerhalb der Kritik benennt. Darüber hinaus geht er oft auf seine Idole ein, z. B. in einer Kritik über ein von Henschel dirigiertes Konzert, in der Shaw immer auf die seiner Meinung nach qualitätvollere Interpretation von Hans Richter eingeht. Shaw erscheint mir in jedem seiner Texte als unsympathischer „Besserwisser".

Fachlich kann Shaw nichts entgegengesetzt werden, da es keine Tonaufnahmen aus der beschriebenen Zeit gibt. Allerdings ist es verwunderlich, dass Shaw einen Dirigenten (vergl. Text II, Seite 13f) auf das Höchste lobt, der seinen „Taktstock bis zum nächsten Tempowechsel niederlegt". Das hört sich eher nach einem billigen Effekt an, den Shaw vielleicht gar nicht verstanden hat. Fachlich halte ich diesen Vorgang in heutiger Zeit für problematisch, zumindest nicht besonders lobenswert.

Interessant wäre einmal zu untersuchen, inwieweit Shaw auf Widerstand der Musiker getroffen ist. Oftmals sind Musikkritiker auch für Veranstalter schädlich, wenn diese versuchen, eine Konzertreihe aufzubauen und dabei immer mit schlechten Kritiken bedacht werden. Allein mit etwaigem „Frust" Shaws lassen sich seine teilweise gemeinen Kritiken nicht entschuldigen, wenn ich doch eingestehen muss, dass sie teilweise äußerst ansprechend und lustig verfasst sind, so dass sie mich schon in ihren Bann gezogen haben.

August 2005, Thomas J. Frank